Was die Leser über *Schöne Bilder - Schädliche Bilder* sagen

„*Schöne Bilder - Schädliche Bilder* ist das praktische, positive und leistungsfähige Werkzeug, das Familien brauchen. Ich empfehle von ganzem Herzen, es regelmäßig mit Ihren Kindern zu lesen, damit sie den wirksamsten Schutz vor Pornografie entwickeln - Selbstbeherrschung."

VAUNA DAVIS, GESCHÄFTSFÜHRERIN, COALITION AGAINST PRONOGRAPHY, UTAH, USA

„Mein NEUER Plan ™ lehrt wesentliche Fähigkeiten, die jedermann verwenden kann, um Pornografie abzulehnen!"

ANGELA PAGE, PRÄSIDENTIN VON WOMEN FOR DECENCY

„*Schöne Bilder - Schädliche Bilder* ist ein Buch, das jede Familie lesen sollte. Es war unbezahlbar, wie es uns dabei half, mit unseren Kindern ein Gespräch über die schädlichen Auswirkungen von Pornografie anzufangen."

MARCIA STILLWELL , MUTTER VON 5 KINDERN

„*Schöne Bilder - Schädliche Bilder* ist ein erstaunliches Buch! Ehrlich gesagt weiß ich nicht, wann ich das Gespräch mit meinen Kindern begonnen hätte, aber dieses Buch machte es so natürlich, einfach damit anzufangen. Ich las es meinen Kindern vor, (die im Alter von 4 bis 12 sind, - und zwei von ihnen sind auch im **Autismus-Spektrum**). Es hat mir besonders gefallen, wie das Buch das Gehirn mit Beispielen und Begriffen erklärt, die meine Kinder verstehen können. Ich fühle mich soviel wohler, weil meine Kinder jetzt wissen, was sie tun sollen, wenn sie schädliche Bilder sehen."

SHANDIIN SCHWENDIMAN

„Ich finde *Schöne Bilder - Schädliche Bilder* höchst empfehlenswert. Als ich dieses Buch mit meinen Kindern las, eröffnete es die Möglichkeit, schwierige Fragen zu erörtern. Der Stil des Buches hilft Kindern das Problem zu verstehen und entsprechend zu handeln."

GREG, VATER VON 6 KINDERN

„*Schöne Bilder - Schädliche Bilder* mit meinen Kindern zu lesen, mag das Wichtigste sein, das ich je für sie getan habe. Ich habe die verheerenden Auswirkungen von Pornografie im Leben vieler Angehöriger miterlebt, doch bis ich dieses Buch fand, wusste ich nicht, wie ich mit meinen kleinen Kindern einen Dialog beginnen könnte, um ihnen zu helfen, den machtvollen Strudel der Sucht zu neutralisieren. Die sorgfältige Wortwahl des Buches, die eindrucksvolle und dennoch einfache Beschreibung der beiden Teile des Gehirns und sein „NEUER" Plan (der einem Feuer-Evakuierungsplan für jeden Benutzer eines internetfähigen Gerätes gleicht) haben mir enormen Seelenfrieden gegeben. Ich freue mich darauf, diese Ideen in meinen Kindern oft zu bestärken."

DIANE, MUTTER VON 6 KINDERN

„*Schöne Bilder - Schädliche Bilder* ist ein gutes Mittel, um mit Ihren Kindern die Kommunikation über das schwierige Thema der Pornografie zu eröffnen. Es bietet ein Vokabular an, das wir nun benutzen können, darüber zu diskutieren, (was für mich als ungeschickte, sprachlose Mutter äußerst nützlich ist). Dank dieses Buches sind meine Kinder jetzt besser gegen Pornografie isoliert, weil sie jetzt wissen, was sie tun sollen, wenn sie schädliche Bilder sehen!"

JENNY, MUTTER VON 4 KINDERN

„Ihr Buch ist ein Publikumserfolg! Ich mag das Format - es ist ein großartiges Vorbild für alle Eltern-Kind-Gespräche über schwierige Themen und bietet eine sehr angenehme Möglichkeit, einen Dialog über Pornografie zu beginnen."

CINDY DIEHL, MUTTER VON 5 KINDERN

SCHÖNE BILDER SCHÄDLICHE BILDER

Kinder von heute proaktiv gegen
Pornografie immunisieren
Ein Praxisbuch für Eltern

Kristen A. Jenson, MA und Gail Poyner, PhD
Illustrationen von Debbie Fox

GLEN COVE PRESS

FÜR MEINE SCHÄTZE: SARAH, LOREN, LILA, SPENCER UND JOHN

—KAJ—

FÜR GENE, MEINE EWIGE LIEBE

—GAP—

Haftungsausschluss

Es ist die Meinung der Autoren, dass Kinder sicherer sind, wenn sie proaktiv gewarnt und ermächtigt worden sind, die Gefahren von Pornografie und Sucht abzulehnen. Allerdings sind Eltern und Betreuer letztlich dafür verantwortlich, wie sie ihre Kinder erziehen und über diese ernsthaften Probleme aufklären. Dieses Buch stellt keine medizinische oder psychologische Beratung zur Behandlung von Sucht dar. Suchtleidende sollten zuständige professionelle Hilfe suchen. Die anekdotischen Geschichten, die wir hierin mitteilen, sind aus dem Leben gegriffen und wurden mit der Erlaubnis der beteiligten Personen benutzt.

ISBN: 0997318716

ISBN 13: 9780997318715

Inhalt

Danksagung

Viele wunderbare Menschen haben entscheidende Beiträge zu diesem Werk geleistet. Besondere Anerkennung gilt Jill Manning, PhD, Autorin des Buches *„What's the Big Deal about Pornography? A Guide for the Internet Generation"* (Warum dieser Wirbel um Pornografie? Ein Leitfaden für die Internet-Generation.) Ihre Arbeit inspirierte die ersten vier Strategien von „Mein NEUER Plan" in Kapitel 8. Sie gab auch wertvolles anfängliches Feedback und ermutigte uns zu betonen, dass die Gefahren der Pornografie weit über die Sucht hinausgehen. Die Abfassungen und Video-Präsentationen von Donald L. Hilton Jr., MD halfen uns zu erklären, wie das Gehirn eine tatsächliche Sucht nach Pornografie entwickeln kann. Genauer gesagt haben wir im 5. Kapitel seine „Eisauto" Analogie erweitert. Die Videos von Gordon S. Bruin, MA, LPC, halfen uns dabei, einfache und kinderfreundliche Erklärungen unserer zwei Gehirne zu erstellen. Claudine Gallacher, MA, verbrachte hunderte von Stunden als wissenschaftliche Mitarbeiterin und Schreibtrainerin; ihre ständige Ermutigung, Feedback und Hilfe beim Worteschmieden waren wichtige Beiträge. Kristens Nachbarn, Jared und Nicole Liebert und ihre Söhne, dienten als Modelle für die Illustration und waren als Leser von Anfang an begeisterte „Versuchskaninchen". Kristen ist dankbar für all die Ermutigung von ihrer Schreibgruppe, den Columbia River Writers und der Gründerin dieser Gruppe, Autorin Tanya Parker Mills, die Kristen half, ihren Blog „Protect Young Minds" anzufangen. Wir danken Kathryn Colvin und Genevieve Ford bei Eschler Editing, die großartige Vorschläge gemacht und dazu beigetragen haben, unser Manuskript zu polieren. Am meisten schätzen wir die mutigen Seelen, die uns berichtet haben wie früh sie selbst der Pornografie ausgesetzt waren und wie sie schließlich abängig wurden; sie eröffneten uns tiefe Quellen des Verständnisses und befeuerten unsere Motivation. Zusätzlich danken wir den dutzenden von Eltern, die als freiwillige Test-Leser dienten und uns kritisches Feedback gaben, was uns half, dieses Buch zu verbessern und für Kinder effektiver zu machen. Außerdem begrüßen wir alle Organisationen und Einzelpersonen, die Licht auf die dunkle und süchtig machende Kraft der Pornografie werfen. Ihre Bücher, Artikel, Blogs, Filme und Informationen auf Gesellschafts-Webseiten bewirken eine unglaubliche Veränderung. Ein abschließendes „Hurra" gilt unseren Ehemännern und Familienmitgliedern, die uns bei jedem Schritt des Weges mit ihrer Liebe und Ermutigung anfeuerten und uns in den fast drei Jahren der Nachforschungen, des Schreibens und Verfeinerns von *Schöne Bilder - Schädliche Bilder* unterstützten.

EINE ANMERKUNG VON KRISTEN ÜBER DIE ILLUSTRATIONEN

Zehn Jahre bevor wir dieses Buchprojekt begannen, verstarb mein kleiner Sohn. Einige Monate nach seinem Tod brachte Debbie Fox mir ein wunderschönes Aquarell-Porträt von ihm. Sie hatte es nach dem Foto auf der Rückseite seines Gedenkfeier-Programms gemalt. Dieses Geschenk ist einer meiner größten Schätze. Als ich mich fragte: „Wie können wir ein Buch für Kinder über Pornografie illustrieren?", wusste ich schon, dass ich die Illustrationen in Aquarell haben wollte. Sie mussten klassisch und gedämpft sein, um der Schroffheit von Pornografie entgegenzuwirken; und sie mussten realistisch sein, nicht im Cartoonstil. Ich wollte nicht riskieren, dieses ernste Thema zu trivialisieren.

Es kostete mich kein Kopfzerbrechen, zu entscheiden, dass Debbie diejenige war, die die authentischen und schönen Illustrationen malen sollte, die wir brauchten und ich bin dankbar, dass sie die Herausforderung annahm. Es war traumhaft, mit ihr zu arbeiten, denn sie hatte endlose Geduld und Flexibilität. Wir glauben, dass ihre handgemalte Kunst *Schöne Bilder - Schädliche Bilder* zu einem noch behaglicheren und einladenden Buch für Eltern und Kinder macht.

Warum wir nicht verrückt sind, ein solches Buch zu schreiben

Sie mögen sich fragen: „Mit Siebenjährigen über Pornografie sprechen? Ihr wollt mich wohl veräppeln! Sollte ich nicht warten, bis sie zwölf oder dreizehn sind?" Wir verstehen das. Wir wissen, dass gute Eltern die Unschuld ihrer Kinder schützen wollen. Aber die traurige Realität ist, dass viele Kinder in der ganzen Welt beginnen, krasse Pornografie im Internet zu sehen, bevor ihre Eltern auch nur daran denken, deren Gefahren mit ihnen zu besprechen.

Kleine Kinder werden Pornografie im Internet ausgesetzt. Zum Beispiel das acht Jahre alte Mädchen, das von ihren Eltern „Sex-Aufklärung" erhalten hatte und dann ein internetfähiges Gerät zu ihrem Geburtstag bekam. Ihre unschuldige Neugier über Sex regte sie an, Online-Nachforschungen anzustellen, die sie schnell zur gewaltsamen und degradierten Welt von krasser Pornografie im Internet führten. Zuvor ein glückliches und offenes Mädchen, wurde sie jetzt zurückgezogen und depressiv, bevor ihre Mutter ihre Beschäftigung mit Internetpornografie entdeckte.

Einem siebenjährigen Jungen wurde von seinen älteren Cousins ein pornografisches Magazin gezeigt. Nach dieser schockierenden ersten Konfrontation fühlte er einen Zwang, nach mehr Nacktbildern zu suchen, obwohl er nichts über Sex wusste. Später geriet er durchs Internet auf die schiefe Bahn zu Jahrzehnten der Sucht.

Ein sechsjähriger Junge wurde von seiner Pflegeschwester missbraucht, was zu seinem verfrühten Interesse an Sex führte. Als Jugendlicher entdeckte er Pornografie im Internet. Aber erst als er siebzehn war, fanden seine Eltern die verheerende Wahrheit heraus: Er hatte seine jüngeren Geschwister seit Jahren missbraucht, während er die ganze Zeit seine Pornografiesucht verborgen hatte.

Diese Kinder sind der Grund, warum wir *Schöne Bilder - Schädliche Bilder* geschrieben haben. Nachdem wir ihre tragischen Geschichten gehört hatten, suchten wir nach einem Kinderbuch, das die Gefahren der Pornografiesucht erklärte, wurden aber nicht fündig. Wir schrieben Schöne Bilder - Schädliche Bilder als ein Werkzeug, um Eltern zu helfen, einen Dialog über Pornografie zu beginnen, bevor Kinder sich dafür interessieren und solange sie ihre Eltern noch als glaubwürdige Informationsquellen ansehen. Mit anderen Worten schrieben wir es, um eine Offensive gegen Pornografie anzufangen, um Kinder sozusagen gegen die sehr realen Schäden von „Bildergift" zu immunisieren.

Es ist gar nicht überraschend, dass Kinder so leicht in Pornografie verstrickt werden. Das heutige Internet schafft eine beispiellose Möglichkeit, krasse Pornografie zu sehen. Man hat von jedem Internet-fähigen Gerät anonymen und erschwinglichen (meistens sogar kostenlosen) Zugang dazu. Und selbst wenn Ihr Kind kein mobiles Gerät besitzt, hat es sehr wahrscheinlich Freunde, die eins haben.

Deshalb sind Internet-Filter wichtig, aber sie reichen nicht aus. Wenn es um Kinder und Pornografie geht, ist Unwissenheit ein Risiko. Wir leben in einer übersexualisierten Kultur, so dass eine frühzeitige Ausbildung notwendig ist, um Kinder mit sexueller Integrität zu erziehen. Warum? Das Gehirn eines Kindes ist anfälliger für Pornografie, weil es zur Nachahmung dessen, was es sieht, konstruiert ist. Darüber hinaus hat das Gehirn eines Kindes weniger Fähigkeit, diese Nachahmungsimpulse zu kontrollieren. Das Anschauen von Pornografie kann die Nervenbahnen des Gehirns verändern und eine Sucht einleiten, die oft schwerer zu überwinden ist als Drogen oder Alkohol.

Sucht ist jedoch nicht die einzige Gefahr. Obwohl nicht jedes Kind eine Sucht nach Pornografie entwickelt, werden nahezu 100 Prozent der Kinder, die sich entscheiden, nach einer anfänglichen Begegnung weiterhin Pornografie anzusehen, negativ beeinflusst. Die heutige Internet-Pornografie geht weit über die alten Nacktfotos in Männermagazinen hinaus. Sie hat sich in hunderttausend Varianten von erniedrigender Gewalt, einschließlich Vergewaltigung, Sex mit Kindern, Gruppen-Sex und andere Schrecken, die wir hier nicht einmal beschreiben wollen, metastasiert.

Pornografie ist eine *unheimliche Fälschung*. Sie lehrt Kinder, dass Sex eine erfreuliche Form der Selbstbefriedigung ist und eine oft gewalttätige Ablenkung, anstatt *eine Möglichkeit, eine liebevolle und verantwortungsvolle Beziehung mit jemandem aufzubauen*, dem sie vertrauen. Als Folge davon können Kinder, die Pornografie konsumieren, ungesunde sexuelle Einstellungen entwickeln und es schwierig finden, später eine langfristige sexuelle Beziehung mit einer wirklichen Person zu entwickeln oder sogar zu *wollen*.

Deshalb müssen Kinder ihren eigenen internen Filter entwickeln. Wir nennen es *Pornografie-Immunisierung*, wodurch wir Kinder ermächtigen, indem wir sie lehren, *was* Pornografie ist, *warum* es ihrem Gehirn schadet und *wie* sie ihre Auswirkungen minimieren können, wenn sie ihr ausgesetzt worden sind. Sie werden „Mein NEUER Plan", den wir in Kapitel 8 zur Verfügung gestellt haben, hoch schätzen! Er umfasst fünf einfache Schritte, die Ihr Kind mit den kognitiven Fähigkeiten ausstatten werden, die es benötigt, um seine Gedanken und Impulse zu kontrollieren.

Die Eröffnung eines Dialogs ist von entscheidender Bedeutung. Das Ziel von *Schöne Bilder - Schädliche Bilder* ist es, Ihnen zu helfen, mit Ihren Kindern über die Gefahren der Pornografie zu sprechen. Für weitere Information darüber, wie Sie Ihre Kinder schulen können, Pornografie abzulehnen, schließen Sie sich bitte unserem Gespräch an bei ProtectYoungMinds.org, einer Webseite, die von der Autorin Kristen A. Jenson erschaffen wurde (leider nur in englischer Sprache).

Es ist leicht, dieses Buch mit Kindern zu lesen. *Schöne Bilder - Schädliche Bilder* stellt den behaglichen Rahmen einer Unterhaltung zwischen Mutter und Sohn dar, die ein Familienfotoalbum anschauen. Es zeigt, wie eine einfache Definition von Pornografie gegeben werden kann, (auch für Kinder, die noch keine Einzelheiten über Sex gelernt haben). Kapitel für Kapitel lernen Kinder über Sucht, über ihre „zwei Gehirne" (das *fühlende Gehirn* und das *denkende Gehirn*) und wie eines davon durch das Anschauen von Pornografie zur Sucht überlistet werden kann, während das andere die Kontrolle übernehmen und die Sucht verhindern kann.

Wie das Buch angeordnet ist: Die ersten sieben Kapitel erklären, was Pornografie ist und wie das Gehirn zur Entwicklung einer Sucht danach überlistet werden kann. Kapitel 8 bietet mit „Mein NEUER Plan" fünf leistungsstarke Strategien an, wie man damit umgehen kann, wenn man Pornografie ausgesetzte wird oder wurde. Kapitel 9 bringt den Vater ins Bild, der bestätigt, was die Mutter über die Gefahren von Pornografie gelehrt hat und erklärt, dass Pornografie wie ein Gift wirken kann. - Je nach der Konzentrationsfähigkeit Ihres Kindes kann dieses Schlusskapitel als letzte Warnung dienen oder als guter Einstieg, das Verständnis der wichtigsten Begriffe während einer nachfolgenden Unterhaltung zu überprüfen, (und wir hoffen, dass Sie viele solche haben werden). Schließlich ist am Ende des Buches eine hilfreiche Liste zur Verfügung gestellt worden: ein Stichwortverzeichnis der wichtigsten Begriffe (die beim ersten Vorkommen in der Geschichte **fettgedruckt** erscheinen).

Vier Hinweise, um den Nutzen von *Schöne Bilder - Schädliche Bilder* zu optimieren:

1. Gehen Sie langsam voran. Für einige Kinder könnte das Lesen und Besprechen des Buches in mehr als einer Sitzung am besten funktionieren. (Natürliche Pausen treten nach Kapitel 5 und Kapitel 8 auf.)

2. Ermutigen Sie Ihre Kinder, Fragen zu stellen. Falls sie Sie verblüffen, ist es in Ordnung, zu sagen: „Das ist eine gute Frage! Lass mich darüber nachdenken und später darauf zurückkommen."

3. Fühlen Sie sich nicht eingeschränkt, Erklärungen zu erweitern und verwenden Sie Beispiele und Geschichten von Ihrer eigenen Familie, um Begriffe zu erklären. Wenn Sie mit Ihrem Kind bereits ein Aufklärungs-Gespräch hatten, kann es hilfreich sein, die Definition von Pornografie zu erweitern, (siehe Stichwortverzeichnis am Ende des Buches). Dieses Buch ist ein Werkzeug und Sie entscheiden, wie Sie es am besten benutzen, um Ihren Kindern zu helfen.

4. Bleiben Sie ruhig. Scham und Heimlichkeit erhöhen nur die Macht von Pornografie. Wenn Ihre Kinder Ihnen offenbaren, dass sie in der Vergangenheit schon der Pornografie ausgesetzt worden sind, ist das eine gute Gelegenheit herauszufinden, wieviel sie gesehen, gelesen oder gehört haben.

Unser aufrichtiger Dank geht an die vielen Eltern, Kinder und Profis, die dieses Buch überprüft, Probe-gelesen und die Herausgabe unterstützt haben. Wir sind überzeugt, dass Kinder mit einer solchen Vorbereitung lernen können, ihre Gehirne vor den verheerenden Auswirkungen der Pornografie zu schützen und eine gesunde und glückliche Zukunft zu genießen.

KRISTEN A. JENSON, MA, AND GAIL A. POYNER, PHD

KAPITEL 1

Was ist Pornografie?

An einem Sonntagnachmittag saßen Mama und ich auf der Couch und blätterten in einem Stapel von Fotoalben. Ich schaute gern die Bilder an von unseren Ausflügen zum Strand letzten Sommer und von Onkel Adams Hochzeit letzten Herbst.

Als wir damit fertig waren, machte Mama ein ernstes Gesicht.

„Es gibt etwas, worüber ich mit dir reden wollte", sagte Mama. „In unserem Fotoalbum sind viele *schöne Bilder*, die uns daran erinnern, wie wichtig unsere Familie und unsere Freunde sind. Aber wusstest du, dass es auch *schädliche Bilder* gibt?"

Ich schüttelte den Kopf. „Was meinst du mit *schädlichen Bildern*?"

Mama klappte das Fotoalbum zu und sah mich an. „Die schädlichen Bilder, von denen ich rede, werden **Pornografie** oder Porno genannt."

„Was ist Por-no-gra-fie?", fragte ich.

„Pornografie sind Bilder, Videos oder sogar Cartoons, wo Menschen nur wenig oder gar keine Kleidung anhaben. Hast du schon mal solche Bilder gesehen?", fragte Mama.

Ich dachte darüber nach und dann erinnerte ich mich an etwas.

„Einmal sah ich ein Bild von einem nackten Mann und einer nackten Frau in einem Biologiebuch in der Bibliothek. Alle ihre Körperteile waren gekennzeichnet. Ist das Pornografie?"

Mama lächelte. „Nein, da ist ein Unterschied zwischen einer Zeichnung in einem Biologiebuch und Pornografie."

Sie öffnete das Fotoalbum und zeigte auf Bilder von mir und meinen Cousins und Cousinen am Strand.

„Pornografie zeigt die Teile des Körpers, die wir als privat bezeichenen und die wir mit einer Badehose oder einem Badeanzug verdecken. Diese privaten Teile des Körpers sind nicht schlecht, aber Bilder von ihnen aufzunehmen und sie anderen zu zeigen, ist schlecht. Es ist wichtig, private Körperteile privat zu behalten."

Mama dachte einen Augenblick nach.

„Die meisten Kinder wissen sofort, wenn sie Pornografie sehen, dass es sich falsch anfühlt. Manche Kinder sagen, dass es ihnen peinlich ist oder dass ihnen sogar im Magen übel wird."

„Warum schauen die Kinder sie dann an?", fragte ich.

„Pornografie ist knifflig, weil sie in deinem Körper aufregende Gefühle wecken kann. In der Tat überlistet Pornografie das Gehirn, eine ganze Menge von **Chemikalien** in deinen Körper zu schicken, die ganz gute Gefühle in dir erzeugen - für eine kurze Zeit. Aber, wenn man das Gehirn so mit Pornografie überlistet, kann das bald zu großen Problemen führen."

Mama tippte mit ihrem Finger sanft auf meinen Kopf.

„Das Problem ist, dass die Pornografie Teile deines wachsenden

Gehirns verletzen kann.

Es ist gefährlich Pornografie anzuschauen."

„Mama, wenn es so gefährlich ist, wie finden Kinder sie dann?"

„Viele Kinder sehen sie durch Zufall auf Computern, Handys oder anderen Geräten. Manchmal wird die Pornografie Kindern von anderen Leuten gezeigt, sogar von einem Freund oder Familienmitglied. Ist dir das schon mal passiert?"

Ich schüttelte den Kopf. „Nein."

„Da bin ich ja froh. Niemand sollte jemals einem Kind Pornografie zeigen. Falls dir das je passiert, wirst du zu mir kommen und es mir sagen? Ich verspreche dir, dass du keinen Ärger bekommen wirst. Es ist nur wirklich wichtig für mich, darüber Bescheid zu wissen, damit ich helfen kann, dich zu beschützen."

„Klar, Mama. . . aber ich verstehe immer noch nicht, warum jemand gern Pornografie anschauen würde."

Mama überlegte einen Moment.

„Es ist normal für Kinder, neugierig zu sein und einige Kinder sind neugierig auf Pornografie. Für viele Kinder kann sich der Wunsch Pornografie anzuschauen, wie die Anziehung eines riesigen Magneten anfühlen. Nachdem sie nur ein pornografisches Bild gesehen haben, kann ihr Gehirn überlistet werden, immer mehr sehen zu wollen."

Mama legte ihre Hände auf meine Schultern und sah mir in die Augen.

„Ein Teil meiner Aufgabe als Mutter ist, dich vor Gefahren zu warnen. Ich habe dir beigebracht, einen Helm zu tragen, wenn du Fahrrad fährst, um dein Gehirn von der *Außenseite* zu schützen. Aber Pornografie kann deinem Gehirn von *innen* weh tun. Möchtest du dein Gehirn auch von der *Innenseite*

beschützen?"

„Na klar. Aber wie kann Pornografie denn meinem Gehirn weh tun?"

„Pornografie schadet deinem Gehirn auf mindestens zwei Weisen. Zunächst einmal lügt sie deinem Gehirn vor, wie Menschen sich gegenseitig behandeln sollten. Sie zeigt manchmal, wie Männer gemein zu Frauen sind und ihnen sogar weh tun, als ob es nur Spaß sei. Glaubst du, zu anderen gemein zu sein, ist eine gute Art von Spaß?"

„Auf keinen Fall", sagte ich.

Mama lächelte und legte ihren Arm um meine Schulter.

„Aber das ist nicht alles. Pornografie kann deinem Gehirn schaden, weil es eine schlechte Angewohnheit oder für einige Menschen sogar eine ernsthafte **Sucht** werden kann, sie anzuschauen. Ich möchte dir mehr über Sucht erklären, damit *du* selber *dein* Gehirn vor Süchten aller Art beschützen kannst."

Was habe ich gelernt?

Pornografie sind Bilder von Menschen, die nur wenig oder gar keine Kleidung anhaben. Sie anzuschauen kann zwei entgegengesetzte Gefühle zur gleichen Zeit erzeugen: ein übles, ekliges Gefühl in deinem Kopf und ein aufregendes Gefühl in deinem Körper. Pornografie anzuschauen kann gefährlich sein, denn sie kann das Gehirn austricksen, den Wunsch zu haben, mehr solche schädlichen Bilder zu sehen, was dann zu einer Sucht werden kann.

NOTIZEN

KAPITEL 2

Was ist eine Sucht?

„Weißt du, was eine Sucht ist?", fragte Mama. Ich zeigte auf einen Schokoladen-Eisbecher auf der Titelseite von Mamas Magazin. „Tante Susanne sagt, sie ist süchtig nach Schokolade", sagte ich grinsend.

Mama lächelte. „Manche Leute machen Witze über Süchte, aber eine echte Sucht ist ein sehr ernstes Problem. Menschen, deren Leben von einer Suchterkrankung übernommen wurde, werden Abhängige oder Süchtige genannt."

Mama runzelte die Stirn und dachte eine Minute lang nach.

„Eine Sucht ist wie eine machtvolle Angewohnheit, die so stark ist, dass die meisten Süchtigen das Gefühl haben, sie können sie nicht selber beenden, sogar wenn sie wirklich alles versucht haben, damit aufzuhören. Es fühlt sich an wie eine Falle, aus der sie sich nicht befreien können."

„Ich erinnere mich, dass Oma geraucht hat. War sie süchtig?", fragte ich.

„Ja, das war sie. Es dauerte viele Jahre, bis sie es schaffte, mit dem Rauchen aufzuhören. Andere Mitglieder unserer Familie hatten mit der Sucht nach Alkohol oder anderen Drogen zu kämpfen. Aber Menschen

können auch nach Verhaltensweisen süchtig sein, wie Glücksspiel oder Pornografie."

„Oh Mann, Leute können süchtig werden, wenn sie solche Bilder ansehen?"

„Das stimmt. Manche Menschen werden leichter süchtig als andere. Aber man will *nie* süchtig nach etwas werden, wenn man es vermeiden kann."

„Warum? Was passiert denn dann?"

„Die meisten Süchtigen treffen schlimme Entscheidungen, durch die sie am Ende sich selbst und die Menschen, die sie lieben, verletzen. Sie lügen oft, um ihre Sucht vor ihren Freunden und ihrer Familie zu verheimlichen. Wenn sie dann immer süchtiger werden, können sie das Interesse an ihren Freunden, an der Schule und sogar daran, Spaß zu haben, verlieren."

Mama seufzte. „In der Tat, sogar mit Hilfe eines Arztes finden die meisten Leute es unglaublich schwer, eine Sucht zu überwinden."

„Warum ist es so schwer? Kann man nicht einfach aufhören, wenn man will?"

„Das ist nicht so einfach und es hat alles mit deinen *zwei* Gehirnen zu tun."

„Warte mal, - ich habe zwei Gehirne?"

Mama kicherte. „Eigentlich hast du nur ein Gehirn, aber es gibt zwei Hauptteile in deinem Gehirn, die mit der Sucht zu tun haben. Wir könnten sie das **fühlende Gehirn** und das **denkende Gehirn** nennen. Mehr über deine zwei Gehirne zu lernen, kann dir helfen, dich vor jeglicher Sucht zu beschützen."

Was habe ich gelernt?

Eine Sucht ist wie von einer sehr schlechten Angewohnheit gefangen zu sein. Süchtige treffen oft schlimme Entscheidungen und lügen, um ihre Sucht zu vertuschen. Sucht hat mit zwei Funktionen des Gehirns zu tun: Fühlen und Denken.

NOTIZEN

KAPITEL 3

Mein fühlendes Gehirn

Mama stand auf und griff nach einem Buch auf unserem Bücherregal. Ihre Finger blätterten durch die Seiten, bis sie ein Bild des menschlichen Gehirns gefunden hatte. Wir setzten uns an unseren Küchentisch, um es anzuschauen.

Mama zeigte auf das Bild. „Dein fühlendes Gehirn ist hier in der Mitte. Es hat mehrere Teile, die automatisch funktionieren, damit du am Leben bleibst.

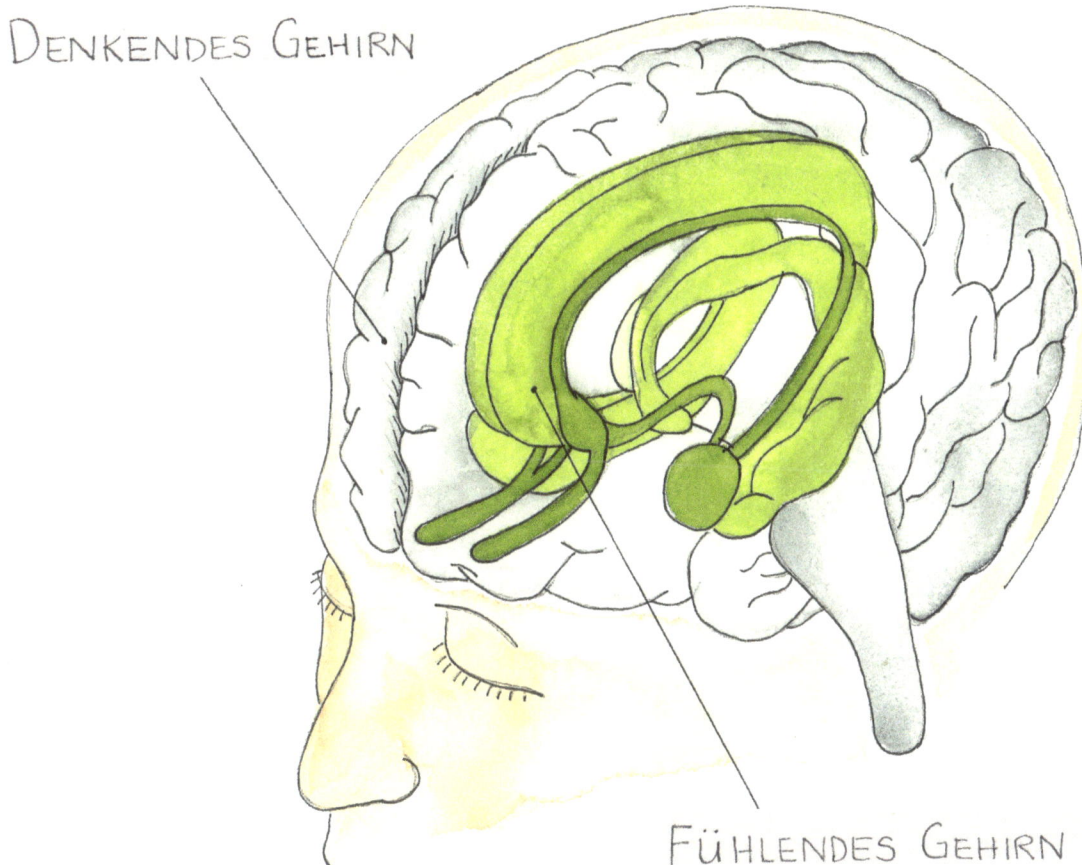

DENKENDES GEHIRN

FÜHLENDES GEHIRN

Was passiert zum Beispiel, wenn du an einem sehr heißen Tag draußen spielst?"

„Ich schwitzte."

„Stimmt! Das kommt, weil dein fühlendes Gehirn deinem Körper eine Nachricht schickt, die ihm hilft, sich abzukühlen."

„Und was ist, wenn du an einem kalten Tag ohne Jacke nach draußen gehst?", fragte sie.

„Ich fange an zu zittern."

„Genau! Das kommt, weil dein fühlendes Gehirn deinem Körper eine Nachricht schickt, sich aufzuwärmen!"

„Dein fühlendes Gehirn ist auch zuständig für die **Antriebe**, die dich am Leben erhalten. Zum Beispiel macht das fühlende Gehirn dich hungrig und durstig, damit du genug essen und trinken willst. Es hat ein besonderes

Belohnungssystem und gibt dir ein Gefühl der Freude, wenn du die Dinge tust, die dir helfen zu überleben, wie zum Beispiel essen. Dich mit einem Gefühl der Freude zu belohnen, wenn du diese wichtigen Dinge tust, ist ein großer Teil der Aufgabe deines fühlenden Gehirns."

„Deswegen mag ich wohl Eis so gern!"

Mama nickte. „Dein fühlendes Gehirn ist zwar für dein Überleben notwendig, aber es braucht auch deine Hilfe."

„Warum?", fragte ich mich.

„Das ist so, weil dein fühlendes Gehirn nicht weiß, was richtig und was falsch ist. Es ist ein bisschen, wie wenn ein Gepard eine Gazelle jagt. Geparden töten Gazellen, um sie zu fressen. Für sie ist es keine Frage, ob es richtig oder falsch ist, es ist einfach ihr Überlebensinstinkt, dass sie jagen müssen, wenn sie hungrig sind."

„Aber wir Menschen unterscheiden uns von den Tieren", erklärte Mama. „Wir Menschen haben die Fähigkeit, über das, was wir tun nachzudenken, anstatt immer nur nach unseren Gefühlen zu handeln."

„Also, das denkende Gehirn ist wie eine Mutter, die dem Kind sagt, es soll aufhören zu viel Eis zu essen ", sagte ich so aus Spaß.

„Genau!" Mama zwinkerte mich an und wir lachten.

Was habe ich gelernt?

Mein fühlendes Gehirn ist verantwortlich dafür, meinen Körper am Leben zu erhalten. Es macht mich hungrig, durstig und hilft meinem Körper die richtige Temperatur zu behalten. Mein fühlendes Gehirn hilft mir, das zu wollen, was es annimmt, das ich brauche und dann belohnt es mich jedes Mal mit Gefühlen der Freude, wenn ich dasselbe wiederhole. Aber es hat eine große Schwäche: es kann richtig und falsch nicht unterscheiden.

NOTIZEN

KAPITEL 4

Mein denkendes Gehirn

Mama tippte mir mit ihrem Finger auf die Stirn.

„Dieser Teil deines Gehirns hier vorn, ist dein *denkendes Gehirn*. Es hilft dir, Probleme zu lösen, wie deine Mathe-Hausaufgaben, oder dir auszudenken, wie man eine Sandburg am Strand baut. Dein denkendes Gehirn kann Pläne machen und Selbstkontrolle ausüben, zum Beispiel wenn du deine Wut beherrschst. Aber noch viel wichtiger ist, dass dein denkendes Gehirn lernen kann, richtig und falsch zu unterscheiden. Es kann lernen, wie man gute Entscheidungen trifft, weil es sich an die Folgen der schlechten Entscheidungen erinnert. Dein denkendes Gehirn kann dir helfen innezuhalten, nachzudenken und dann gute Entscheidungen zu treffen."

Mama zeigte auf ein Diagramm meines denkenden Gehirns.

DENKENDES GEHIRN

FÜHLENDES GEHIRN

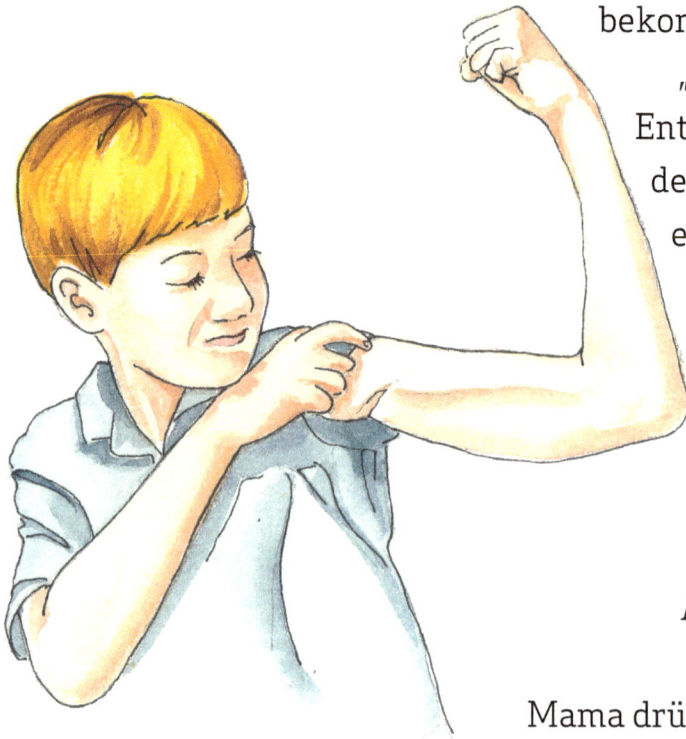

„Fällt dir etwas ein, wobei dein denkendes Gehirn dir geholfen hat?", fragte Mama.

Ich dachte scharf nach.

„Ja, ich habe gelernt, meinen Bruder nicht zu schlagen, wenn ich wütend auf ihn bin."

Mama nickte.

„Richtig. Du kannst deine Wut immer besser beherrschen, weil dein denkendes Gehirn gelernt hat, innezuhalten und sich an die schlimmen Folgen zu erinnern, wenn du deinen Bruder geschlagen hast."

„Kann mein denkendes Gehirn mich davon abhalten, eine Sucht zu bekommen?"

„Ja. Jedes Mal, wenn du eine gute Entscheidung triffst, wird dein denkendes Gehirn stärker, so dass es dich vor Dingen wie Süchten beschützen kann. Es ist fast wie Muskelübungen. Je mehr du deine Muskeln trainierst, desto stärker werden sie."

Ich spannte meine Armmuskeln an. „Ich hatte keine Ahnung, dass mein Gehirn wie ein Muskel stärker werden kann!"

Mama drückte mich. „Ja, du wirst stärker, wenn du gute Entscheidungen triffst."

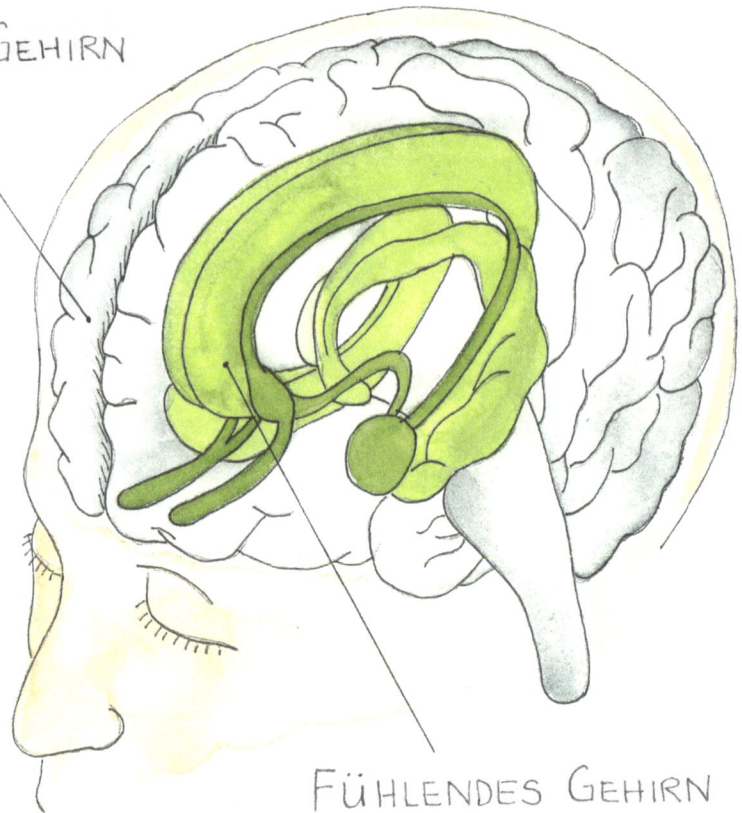

Was habe ich gelernt?

Mein denkendes Gehirn hilft mir, Probleme zu lösen, Selbstkontrolle auszuüben und intelligente Entscheidungen zwischen richtig und falsch oder gut und schlecht zu treffen. Durch die Benutzung meines denkenden Gehirns kann ich es stärken!

NOTIZEN

KAPITEL 5

Meine zwei Gehirne funktionieren zusammen

Mama stand auf und wir gingen zum Fenster hinüber, von wo wir unsere Straße sehen konnten.

„Ich gebe dir ein Beispiel, wie deine beiden Gehirne zusammenarbeiten können. Stell dir mal vor, dass es ein heißer Sommernachmittag ist und du Hunger hast. Das Eisauto kommt auf der anderen Straßenseite angefahren."

Sie hob ihre linke Faust.

„Hier ist dein fühlendes Gehirn. Es will essen, also sagt es dir: Geh und

hole dir *jetzt sofort* ein Eis!"

Mama hob die rechte Hand. „Aber dein denkendes Gehirn sagt: Halt! Zuerst musst du nach Autos schauen!"

Mama brachte ihre Hände zusammen und umschloss mit der rechten Hand ihre linke Faust.

„Wenn dein denkendes Gehirn die Kontrolle übernimmt, können deine zwei Gehirne zusammenarbeiten und dir helfen, in Sicherheit zu bleiben und das zu bekommen, was du möchtest. Aber was meinst du, was passiert, wenn eine Sucht dein denkendes Gehirn schwächt, so dass dein fühlendes Gehirn alle Entscheidungen übernimmt?"

Ich dachte einen Moment nach.

„Naja, ich könnte auf die Straße laufen und von einem Auto angefahren werden... weil ich nicht daran *dachte*, nach beiden Seiten zu schauen."

„Richtig. Ohne dein denkendes

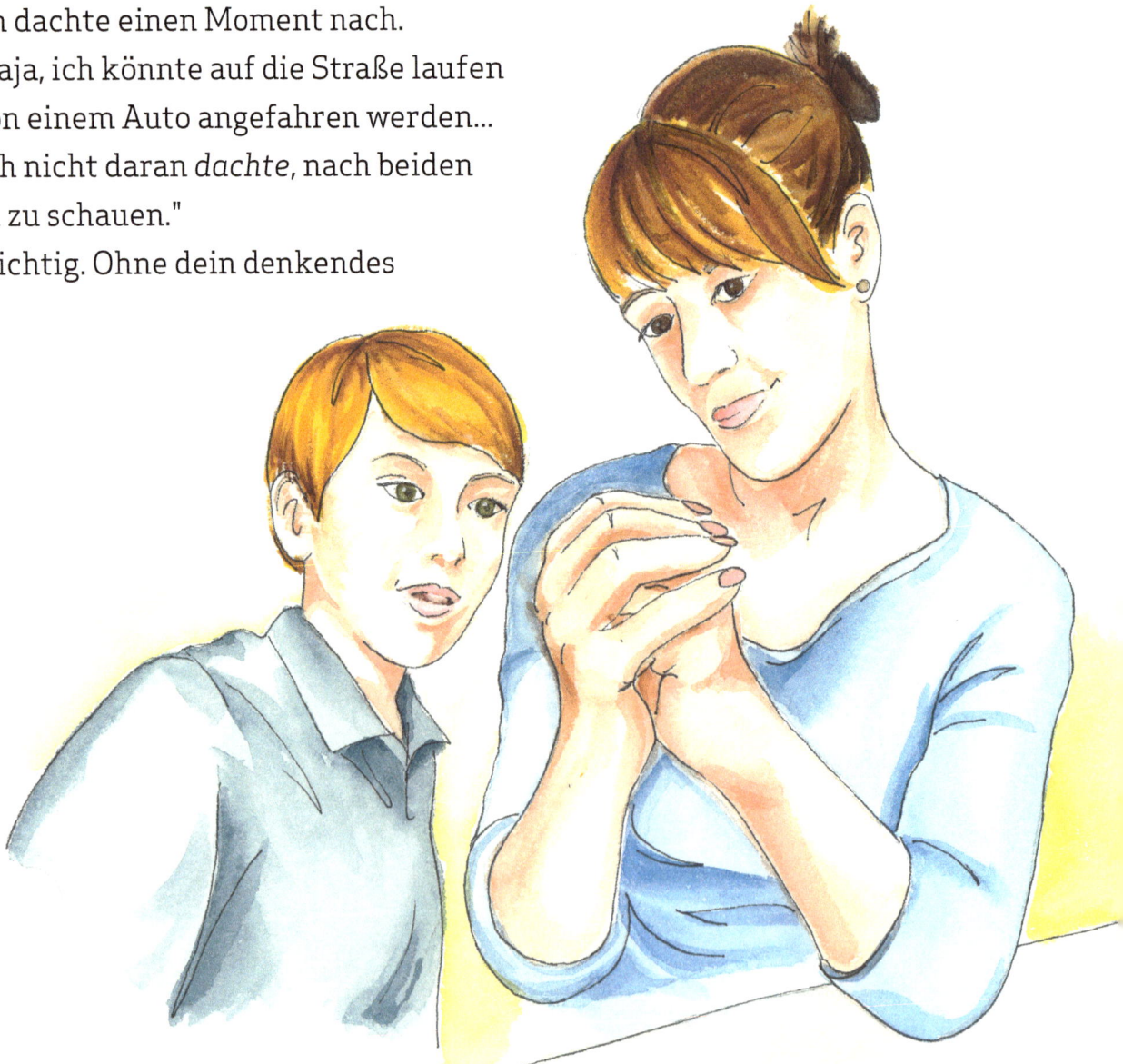

Gehirn, würde dein fühlendes Gehirn tun, was es will, auch wenn es gefährlich ist. Welches Gehirn muss also die Kontrolle behalten? "

„Mein denkendes Gehirn!"

„Genau." Mama nickte.

„Mama, nach all dem Gerede über Eis wollen meine beiden Gehirne welches haben!", lachte ich.

Mama grinste. „Wie wäre es damit nach dem Abendessen? Du kannst mir helfen, es vorzubereiten und wir können dabei noch weiter darüber sprechen, wie wir unsere Gehirne vor Sucht und Pornografie schützen können."

Ich wollte gern sofort Eis essen, aber mein denkendes Gehirn half mir, bis nach dem Essen zu warten.

Was habe ich gelernt?

Meine beiden Gehirne sind wichtig. Aber wenn ich groß werde, muss ich zusehen, dass mein denkendes Gehirn in Kontrolle ist, weil mein fühlendes Gehirn nicht innehält, um nachzudenken, bevor es handelt. Es ist sicherer für mich, wenn mein denkendes Gehirn die Kontrolle übernimmt."

NOTIZEN

KAPITEL 6

Das Anziehungszentrum meines Gehirns

Nach dem Abendessen saßen Mama und ich am Küchentisch und aßen unser Eis.

Nach meinem letzten Löffel fragte Mama: „Wusstest du, dass einige Leute denken, die Pornografiesucht ist schwerer zu überwinden als eine Drogensucht?"

„Wirklich? Wieso?"

„Ein Grund dafür ist, dass Pornografie einen der mächtigsten Teile des fühlenden Gehirns anschaltet, das **Anziehungszentrum**."

„Das Anziehungszentrum?"

Mama schlug das Buch wieder auf und deutete auf einen Teil des Gehirndiagramms.

„Jeder hat ein Anziehungszentrum; es ist ein Teil des fühlenden Gehirns. Bei jüngeren Kindern ist es normalerweise abgeschaltet,

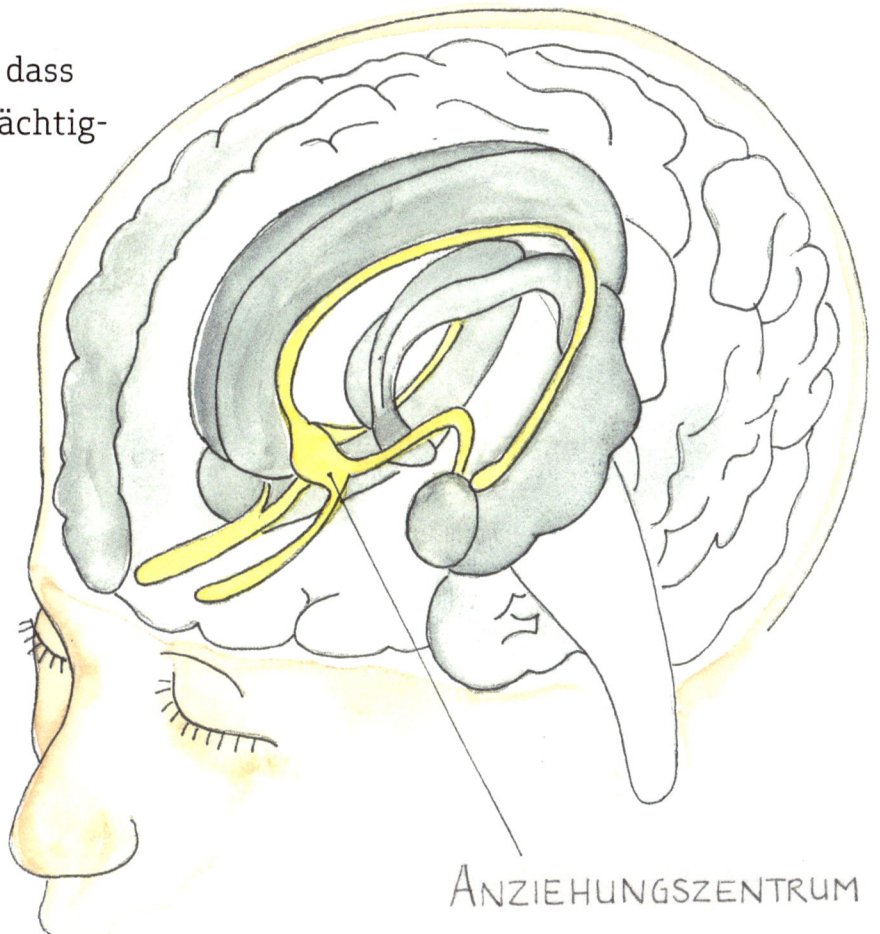

ANZIEHUNGSZENTRUM

bis sie älter werden. Das Anziehungszentrum erzeugt Gefühle von Aufregung und Freude, die Menschen dazu bringen, sich zu verlieben. Es erzeugt in ihnen den Wunsch, nahe beieinander zu sein."

Ich verdrehte meine Augen. „Also, warum ist *das* so wichtig?"

Mama verwuschelte mein Haar.

„Ohne das Anziehungszentrum würden Mütter und Väter sich nicht zueinander hingezogen fühlen oder den Wunsch haben zu heiraten. Und wenn sie sich nicht verlieben und zusammenkommen würden, bekämen sie keine Babys. Und wenn sie keine Babys bekämen, könnte die Menschheit nicht überleben. Was bedeuten würde, dass du heute nicht hier wärst!"

„Naja, ich glaube, das *ist* wichtig." Ich grinste.

„Es ist auch wichtig, zu wissen, dass Pornografie Menschen überlistet, an Lügen zu glauben."

„Was für Lügen?"

„Pornografie anzuschauen kann dich dazu verleiten zu glauben, dass Menschen wie Dinge sind, die man einfach *benutzt*, anstatt richtige Menschen mit Gefühlen. Wir *wissen*, dass jeder Gefühle hat und es verdient, lieb behandelt zu werden, also ist das noch eine Lüge, mit der die Pornografie die Menschen, die sie anschauen, betrügt."

„Aber wissen die Leute nicht, dass die Bilder nicht echt sind? Wie kann es denn schaden, wenn man Bilder anschaut, wo die Menschen nur so tun als ob?"

„Gute Frage! Das Anziehungszentrum ist dazu da, um *echte* Menschen zusammen zu bringen, aber es kennt den Unterschied zwischen einem Bild und einer wirklichen Person nicht. Pornografie anzuschauen *überlistet das Gehirn* dazu, sehr starke Gefühle anzuschalten, die schwierig zu kontrollieren sind, vor allem für Kinder. Und das kann ein großes Problem werden."

Mama hob den Spielzeugrennwagen meines Bruders vom Fußboden auf. „Lass uns mal so tun, als ob dies ein richtiges Auto wäre. Das Gaspedal ist wie dein Anziehungszentrum. Die Bremsen sind wie dein denkendes Gehirn. Was würde passieren, wenn du das Gaspedal ganz durchtrittst und *die* Bremsen nicht funktionieren?"

„Ich würde einen Unfall bauen und verletzt werden."

„Richtig. Pornografie ist gefährlich weil, wenn du sie anschaust, dein fühlendes Gehirn mit seinem Anziehungszentrum die Kontrolle für dein Handeln übernehmen kann, lange bevor dein denkendes Gehirn stark genug ist, um diese Gefühle zu steuern und zu bremsen. Und das kann zur Entwicklung einer unkontrollierbaren Sucht führen."

Mama gab mir den Rennwagen. „Also, was wirst *du* tun, wenn du irgendwo schädliche Bilder siehst?"

„Ich werde meinem denkenden Gehirn die Kontrolle übergeben, indem ich die Pornografie nicht anschaue."

Mama lächelte wieder und legte ihren Arm um meine Schulter. „Ich bin wirklich stolz auf dich, weil du so schlaue Entscheidungen triffst!"

Was habe ich gelernt?

Mein „Anziehungszentrum" ist ein Teil meines fühlenden Gehirns. Es ist sehr stark, da es eine sehr wichtige Aufgabe hat - Mütter und Väter zusammenzubringen, um Familien zu erschaffen.

Aber Pornografie kann mein Anziehungszentrum überlisten und es zu früh anschalten, bevor mein denkendes Gehirn es bremsen kann. Deshalb muss ich mich von schädlichen Bildern fernhalten.

NOTIZEN

KAPITEL 7

Wie Pornografie das Gehirn in Abhängigkeit bringt

Mama und ich standen vom Tisch auf und spülten zusammen das Geschirr.

„Mama, glaubst du, dass ein Kind süchtig werden könnte, nachdem es nur ein einziges schädliches Bild gesehen hat?"

„Die meisten Kinder nicht, aber einige Kinder, die nicht vorbereitet sind, könnten sehr schnell süchtig werden."

„Wie passiert das denn so schnell?"

„Ich will versuchen, es dir zu erklären. Pornografie überlistet das Gehirn

dazu, eine Menge von Chemikalien in den Körper zu senden, die der Person, die sie anschaut ein gutes Gefühl geben, zumindest für eine Weile. Das unheimliche bei Pornografiesucht ist, dass das Gehirn überlistet wird, seine eigenen Medikamente herzustellen!"

„Wirklich?"

„Ja. Viele Wissenschaftler glauben jetzt, dass ein Blick auf Pornografie das Gehirn genauso beeinflusst, wie eine starke Droge. Das Anschauen von Pornografie kann sogar einen Teil des Gehirns schrumpfen lassen."

„Das ist gruselig!"

„Das stimmt! Du weißt schon, dass du nie illegale oder schädliche Medikamente ausprobieren sollst, aber in gewisser Weise kann Pornografie noch schlimmer sein. Obwohl eine Medikamentenabhängigkeit sehr schwer zu überwinden ist, kann sich der Körper mindestens nach einigen Tage von den Medikamenten befreien. Aber im Gegensatz zu Medikamenten im Körper kann das Gehirn pornografische Bilder nicht wieder loswerden. Sobald du diese schädlichen Bilder gesehen hast, werden sie für immer in deiner Erinnerung bleiben."

„Das ist nicht fair!"

„Nein, es ist nicht fair. Aber sobald jemand sich mit Pornografie beschäftigt, erzeugt sein Anziehungszentrum eine **Begierde**, nach *neuen* schädlichen Bildern zu suchen.

Eine Begierde ist ein starker Wunsch nach etwas, was bedeutet, dass man es so sehr haben will, dass es schwer ist, an etwas anderes zu denken."

„Also, das Anziehungszentrum will mehr Pornografie sehen? Warum?"

„Weil das Gehirn von alten Sachen gelangweilt und durch neue Dinge angeregt wird. Erinnerst du dich an das letzte Mal, als du über etwas Neues aufgeregt warst?"

„Das ist leicht! Mein ferngesteuerter Lastwagen, den ich gerade gekauft habe. Es hat eine lange Zeit gedauert, dafür zu sparen!"

„Gutes Beispiel!", sagte Mama. „Nun denke mal daran, wie etwas Neues irgendwie langweilig wurde?"

Ich erinnerte Mama an die Kriminalpolizisten-Ausrüstung, die ich im letzten Jahr bekam. Ich hatte vor meinem Geburtstag wochenlang davon geträumt, aber jetzt spielte ich fast nie mehr damit.

Mama nickte. „Mit der Pornografie ist es genauso. Wenn die Bilder langweilig werden, suchen die Menschen nach noch schädlicheren Fotos und Videos, um die gleiche Aufregung zu fühlen, die sie beim Anschauen des ersten Bildes fühlten. Das Suchen und Finden von neuen und noch schlimmeren Formen der Pornografie ist das, was die Sucht füttert."

„Auweia! Ich will nie so eine Sucht bekommen!"

„Ich auch nicht. Das Problem ist, dass Pornografie sehr schnell ein aufregendes Gefühl in deinem Körper erzeugt, sogar bevor du wegschauen kannst. Es dauert weniger als eine halbe Sekunde. Und nur ein einziges Bild zu sehen, kann ein Kind super neugierig auf Pornografie machen. Das Gute ist, dass du dich *entscheiden* kannst, diese Gefühle von Spannung und Neugier zu bremsen, *bevor* sie zu einer Sucht werden."

„Wie denn?"

„Gute Frage!" Mama tippte auf ihre Stirn. „Dein denkendes Gehirn kann das tun, es braucht nur einen Plan!"

Was habe ich gelernt?

Erinnerungen an Pornografie können zu einer Begierde nach mehr Bildern oder Videos führen, aber das Gehirn kann auch schnell gelangweilt werden. Eine Sucht beginnt, wenn Menschen nach neuer und schlimmerer Pornografie suchen, um ihr Anziehungszentrum anzuregen. Um eine Sucht zu vermeiden, braucht das denkende Gehirn einen Plan.

NOTIZEN

KAPITEL 8

Mein NEUER Plan für mein denkendes Gehirn!

Mama sagte mir, ich sollte mein Bestes tun, um Pornografie zu meiden. Aber wenn ich jemals auf Pornografie stoßen sollte, könnte ich diesem **Plan** folgen:

Nicht hinschauen

Einen Erwachsenen benachrichtigen

Unbedingt beim Namen nennen

Etwas anderes tun

Regieren: mit meinem denkenden Gehirn

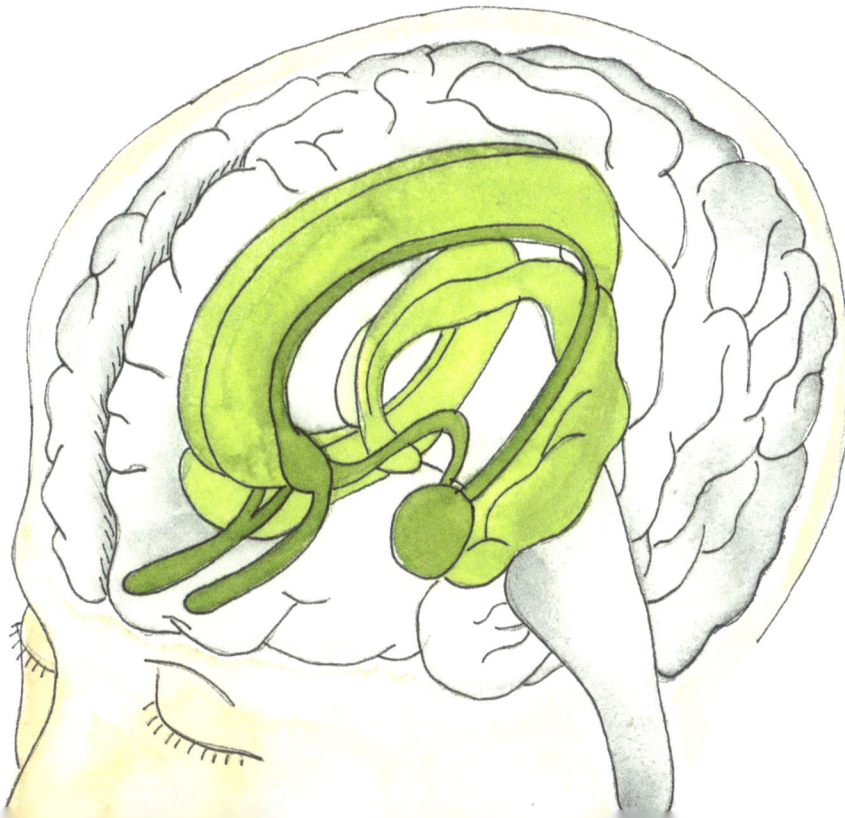

Nicht hinschauen, die Augen sofort zumachen

Sekunden zählen bei schädlichen Bildern, denn je länger ich sie ansehe, umso stärker wird die Erinnerung. Nachdem ich meine Augen geschlossen habe, kann ich mich abwenden. Wenn ich im Internet bin, kann ich das Gerät ausschalten, ohne einen Blick auf den Bildschirm. Ausschalten ist besser als zu versuchen, die Website zu schließen. (Pornohersteller benutzen oft einen Trick, genannt 'Mausefalle', um zu verhindern, dass man die Webseite verlässt, egal wie oft man auf die Schlußtaste drückt.)

E

Einen Erwachsenen benachrichtigen, dem ich vertraue.

Pornografie geheimzuhalten ist nie eine gute Idee. Mama sagt, dass schädliche Bilder mich noch mehr belasten können, wenn ich sie für mich behalte. Wenn es zu schwer ist, darüber zu reden, kann ich einfach eine Notiz auf einen Zettel schreiben, so dass meine Eltern wissen, dass sie eine Zeit finden müssen, wann wir reden können.

Und wenn ich jemals irgendwo bin, wo jemand mir Pornografie zeigt, kann ich einen Geheimcode benutzen (wie: „Mein Magen fühlt sich seltsam an."), damit meine Mama oder mein Papa kommt und mich abholt.

Unbedingt beim Namen nennen!

Wenn ich ein pornografisches Bild sehe, muss ich ruhig, aber laut sagen: „Das ist Pornografie!" Es beim Namen zu nennen, hilft meinem denkenden Gehirn zu wissen, was es ist und es abzulehnen.

Unsere Familie hat beschlossen, sich gegenseitig zu helfen, Pornografie zu erkennen, wenn wir sie sehen. Auch wenn wir in der Öffentlichkeit sind, können wir einander leise zuflüstern: „Das ist Pornografie!"

E

Etwas anderes tun, um mich mit etwas abzulenken, das positive, interessant und körperlich aufbauend ist.

Wenn ein Bild mich stört, kann ich mich auch ablenken, indem ich etwas tue, das körperliche Anstrengung erfordert, wie zum Beispiel mit meinem Fahrrad zu fahren, mit dem Hund spazieren zu gehen oder mit einem Freund ein lustiges Spiel zu spielen.

Mama erzählte mir, dass einige Kinder ein ermutigendes Gedicht aufsagen, ein lustiges Lied singen oder wenn sie einer Glaubenstradition folgen, ein Gebet sprechen, um ihre Gedanken von der Pornografie wegzulenken.

Ich kann mein denkendes Gehirn trainieren, sich auf etwas anderes zu konzentrieren, wenn ein schädliches Bild sich in meine Gedanken drängt. Ich kann mich entscheiden, meine Aufmerksamkeit auf etwas anderes zu lenken. Mit etwas Übung werden solche schädlichen Bilder mich immer weniger stören.

R

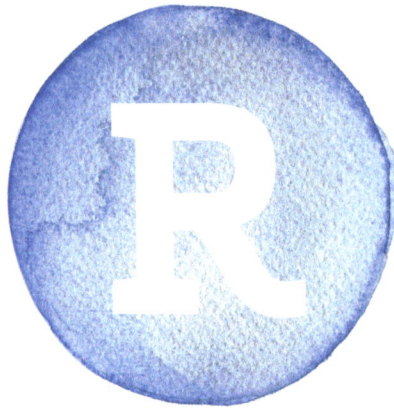

Regieren: mit meinem denkenden Gehirn, nicht mit dem fühlenden Gehirn!

Ich kann meinem denkenden Gehirn befehlen, der Chef zu sein. Ich kann beschließen, nie auf die Suche nach mehr Pornografie zu gehen, auch wenn ich ihr schon ausgesetzt worden bin. Eine gute Möglichkeit, wie mein denkendes Gehirn der Chef sein kann ist, mit meinem fühlenden Gehirn zu reden:

„Fühlendes Gehirn, *du* magst wohl neugierig auf mehr schädliche Bilder sein, aber ich habe beschlossen, mein denkendes Gehirn zu benutzen, um von Pornografie weg zu bleiben."

Mein NEUER Plan funktioniert! Ich kann mein denkendes Gehirn stärker machen, mit der Entscheidung *keine* Pornografie anzusehen und indem ich lerne, meine Gedanken zu kontrollieren.

KAPITEL 9

Ich kann das Gift der Pornografie vermeiden

Nach dem Abendessen am nächsten Tag eilten Papa und ich in die Garage, um an meinem Fahrrad zu arbeiten.

„Hey, ich habe gehört, dass Mama und du gestern über schädliche Bilder geredet habt."

„Die heißen Pornografie, Papa."

Papa lächelte. „Natürlich, und Mama hat Recht, Pornografie ist schädlich fürs Gehirn."

Er nahm einen Schraubenschlüssel und wir fingen mit der Arbeit an meinem Fahrrad an. Nachdem wir einen neuen Sattel und neue Handgriffe

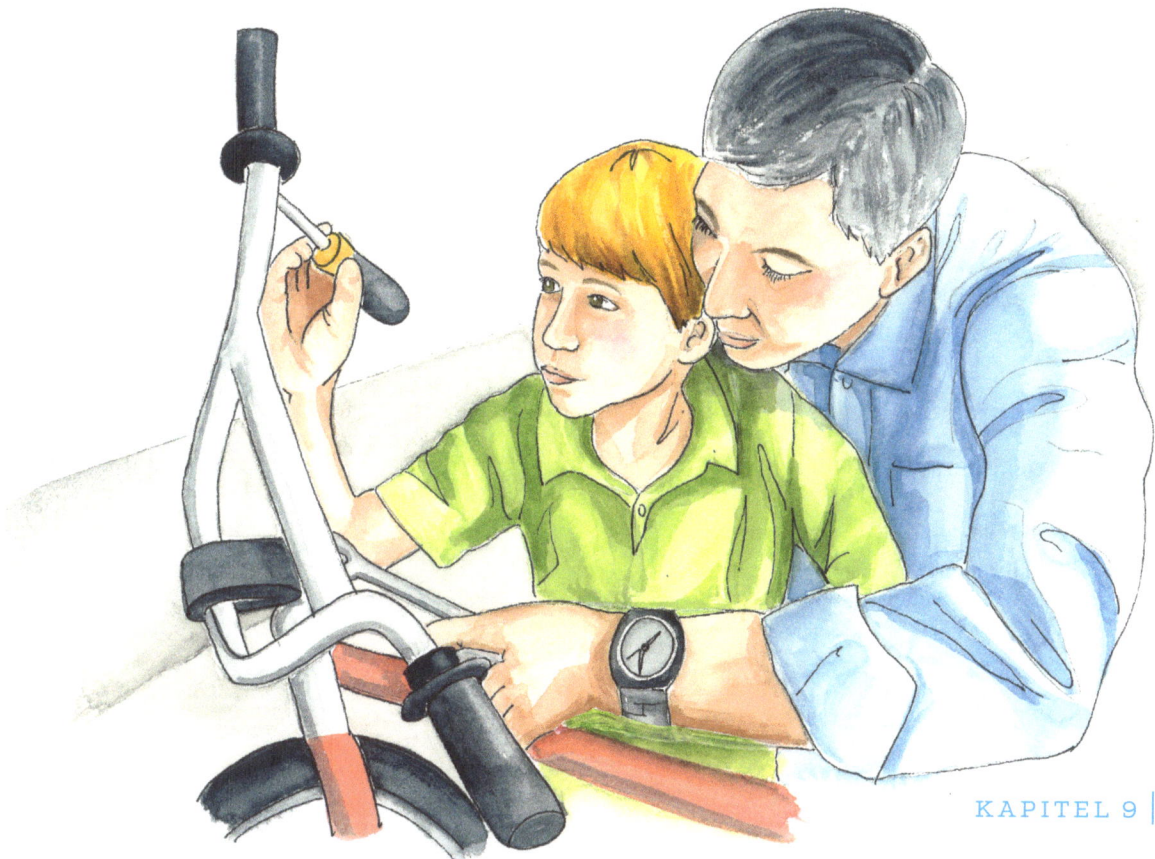

am Lenker angebracht hatten, sah es nageleu aus!

„Danke, Papa, das sieht super aus!"

Ich machte eine Probefahrt, kam zurück geflitzt und parkte mein Fahrrad in der Garage. Nachdem wir unsere Werkzeuge weggeräumt hatten, nahm Papa eine Schachtel aus einem verschlossenen Schrank und zeigt sie mir.

„Weißt du, was das ist?", fragte er.

Ich schaute auf das Etikett. „Ist das Rattengift?"

„Ja. Diese Köderstücke sind sehr lecker für Ratten und sie verwechseln sie mit Nahrung. Aber nach ein paar Bissen beginnt das Gift sie zu töten."

Papa legte das Rattengift zurück in den Schrank und schloss ihn ab.

„Pornografie ist ganz ähnlich wie ein giftiger Köder. Tatsächlich tun die Leute, die Pornografie verkaufen, sie ins Internet, ins Fernsehen, auf Schilder und in Zeitschriften, um zu versuchen, dich zu betrügen. Zuerst könnte Pornografie wie eine gute Idee erscheinen, weil es sich in deinem Körper so aufregend anfühlt, sie zu sehen. Aber schneller als du denkst, kann sie dein Gehirn beschädigen, genauso wie Gift."

„Mama sagt, wenn ich schädliche Bilder sehe, soll ich immer sagen: ‚Das ist Pornografie!' und mich dann schnellstens aus dem Staub machen."

„Das ist richtig. Wenn die Ratten sagen könnten: ‚Das ist Gift!', wenn sie einen Köder finden und sie davor wegrennen würden, denkst du, es könnte ihnen schaden?"

„Nein, ich glaube nicht."

„Wenn du die giftigen Pornografie-Köder

da draussen erkennst und von ihnen weg bleibst, dann kannst du dein Gehirn davor beschützen."

Papa drückte mich ganz fest.

„Denke an unser Sprichwort: ‚Wenn du *heute* gute Entscheidungen triffst‘..."

„Geschehen morgen gute Dinge!", stimmte ich ein. Ich hatte Papa das tausendmal sagen hören und wir lachten.

„Wann immer du mit mir reden willst, bin ich für dich da, okay?"

„Danke, Papa."

Mama öffnete die Tür zur Garage und sagte, „Hey, lasst mich ein paar Bilder von euch beiden mit eurem neuesten Projekt knipsen."

Mamas Kamera klickte und blitzte mehrmals.

Papa öffnete die Küchentür für uns und schaltete das Garagenlicht aus.

„Nun kommt schon! Ich weiß nicht wie Ihr euch fühlt, aber ich habe Hunger auf Nachtisch."

Ein Blech mit warmen Schokoladenkeksen stand auf dem Küchentisch und wir wechselten uns ab, sie mit dem Pfannenwender davon abzuheben.

Mama gab uns ihre Digitalkamera, um uns die Fotos zu zeigen, die sie von mir und Papa geknipst hatte.

Mama lächelte. „Das sind schöne Bilder, die wir in unser Familienalbum kleben können. Sie werden großartige Erinnerungen

sein."

Als ich Papa und mich auf dem Foto sah, wusste ich, dass dies ein Bild war, das ich in *meinem* Gehirn haben wollte.

Wenn es um Pornografie geht, will ich mit Hilfe meines denkenden Gehirns die Kontrolle behalten. Und ich weiß jetzt, dass **Mein NEUER Plan** mir dabei helfen kann.

Mein NEUER Plan

N — Nicht hinschauen, die Augen sofort zumachen, den Computer oder das Gerät ausschalten;

E — Einen Erwachsenen benachrichtigen, dem ich vertraue;

U — Unbedingt Pornografie beim Namen nennen, wenn ich sie sehe;

E — Etwas anderes tun, um meine Gedanken von den schädlichen Bildern abzulenken;

R — Regieren, mit meinem denkenden Gehirn.

Stichwortverzeichnis

Antrieb: Ein starkes Bedürfnis oder ein Instinkt, welcher Verhalten wie Hunger oder sexuelles Verlangen motiviert.

Anziehungzentrum: Die Strukturen des Gehirns, die an sexueller Anziehung und Erregung beteiligt sind.

Begierde: Eine Begierde ist wie ein Heißhunger. Mehr als nur Hunger, ist es ein Verlangen, eine mächtige Sehnsucht nach etwas Bestimmtem. Eine Begierde kann so überwältigend sein, dass sie Drogenabhängige mitten in der Nacht aus einem tiefen Schlaf aufweckt.

Belohnungssystem: Die Regionen des Gehirns, die daran beteiligt sind, Lustgefühle oder Befriedigung hervorzurufen, um uns für Verhalten zu belohnen, das zum Überleben wichtig ist. Eine Sucht verändert das Belohnungssystem, so dass es Suchtverhalten belohnt, das nicht hilfreich zum Überleben ist.

Chemikalien: Stoffe, die aus winzigen Teilen, genannt Atome und Moleküle, bestehen. Die Chemikalien im Gehirn sind wie Signale, die Nachrichten von einem Teil des Gehirns zum anderen transportieren.

Denkendes Gehirn: Dieser Bereich des Gehirns wird der präfrontale Kortex genannt und ist dafür verantwortlich, die Antriebe des limbischen Systems zu kontrollieren. Der *präfrontale* Kortex lernt, richtig von falsch zu unterscheiden und kann Pläne machen und Probleme lösen. Er kann in seiner Größe schrumpfen, wenn eine Sucht die Kraft und Kontrolle an das limbische System (oder das Fühlende Gehirn) überträgt. Ein paar Möglichkeiten, den präfrontalen Kortex zu stärken, umfassen konzentrierte Meditation, Ausübung von Selbstdisziplin und sich an Pläne zu halten, um bestimmte Ziele zu erreichen.

Fühlendes Gehirn: Die *limbische* Region des Gehirns, die für unsere Gefühle, unsere Vorlieben und unseren Überlebensinstinkt zuständig ist. Gedächtnis und Lernen sind auch mit dem limbischen System verbunden.

Pornografie: (*Einfache Definition*) Pornografie sind Bilder, Videos oder auch Karikaturen von Menschen die wenig oder gar keine Kleidung anhaben. (*Erweiterte Definition*) Jede Art von Medien, wie Bilder, Videos, Lieder oder Geschichten, die dazu ausgelegt sind, sexuelle Gefühle zu wecken, indem sie Nacktheit oder sexuelles Verhalten zeigen.

Sucht: Eine Sucht ist eine chronische Erkrankung des Belohnungssystems des Gehirns. Ein dysfunktionales Belohnungssystem erzeugt starkes Verlangen nach dem Suchtmittel oder Verhalten, was in dem Süchtigen Kontrollverlust bewirkt, so dass er trotz negativer Konsequenzen zwanghaft danach strebt. Süchtige entwickeln Toleranz, wodurch sie immer intensivere Stimulationsstufen zur Befriedigung benötigen und sie erleben Entzug, wenn sie ihre Suchtmittel nicht verwenden oder sich nicht entsprechend ihrem Sucht-verhalten engagieren können. Die meisten Süchtigen erleben Phasen der Besserung und des Rückfalls. Ohne Behandlung sind Süchte fortschreitend und können zu Behinderung oder vorzeitigem Tod führen.

Über die Autoren

KRISTEN A. JENSON

Kinder zu schützen wurde Kristens Leidenschaft, nachdem sie eines Nachts einen Anruf von einer traumatisierten Mutter bekommen hatte, die sich mit den tragischen Folgen der Pornografiesucht ihres Sohnes auseinandersetzen musste. Seitdem ist Kristen eine Bestseller-Autorin, eine gefragte Rednerin und ein häufiger Gast auf Podcasts, Webinars und Radiosendungen geworden. Sie bloggt aktiv: ProtectYoungMinds.org und dient bei der Coalition zur Beendigung sexueller Ausbeutung. Kristen ist die Mutter von drei (echt großartigen) Kindern und lebt mit ihrem (wirklich unterstützenden) Mann und (extrem niedlichen) Hündchen im schönen Bundesstaat Washington. Sie hat einen Bachelor-Abschluss in Englischer Literatur und einen Master-Abschluss in Organisationskommunikation.

GAIL A. POYNER, PHD

Dr. Poyner ist eine Diplom-Psychologin und Besitzerin von Poyner Psychological Services. Sie bietet Therapien für ein Spektrum von psychischen Störungen in Kindern und Erwachsenen an, einschließlich Pornografiesucht und Vorbeugungsberatung, und sie dient zur Zeit als Präsidentin der Oklahoma Psychological Association.

Gail hat sechs Kinder und siebzehn Enkel (deren Anzahl noch zunimmt) und lebt mit ihrem Mann in Oklahoma. Sie arbeitet gern im Garten oder jubelt ihrem geliebten Oklahoma City Thunder NBA Basketball-Team zu.

DEBBIE FOX

Debbie hat einen Bachelor-Abschluss der Brigham Young Universität, wo sie Kunst studierte, und hat ihre künstlerische Ausbildung durch Klassen beim Community College fortgesetzt. Nach der Erziehung ihrer fünf Kinder im Bundesstaat Washington lebt Debbie jetzt mit ihrem Mann in Utah. Sie ist die stillvergnügte Großmutter von fünf Enkeln. In ihrer Freizeit betreibt sie gern Sport, geht auf Reisen (besonders um ihre Familie zu besuchen) und lässt ihrer Kreativität freien Lauf.

CLAUDINE GALLACHER

Claudine hat einen Master-Abschluss in Englisch mit Schwerpunkt in Aufsatz und Rhetorik. Sie war von Anfang an bei der Schaffung von *Schöne Bilder - Schädliche Bilder* beteiligt. Sie hat den Autorinnen als Schreibtrainerin und wissenschaftliche Mitarbeiterin gedient, half das Feedback von Eltern und Kindern, die Testleser des Buches waren, zu sammeln und auszusortieren, und förderte die Ziele von ProtectYoungMinds.org. Claudine genießt Lesen, Genealogie, die Erforschung der Natur, und verbringt am liebsten Zeit mit ihrem Mann und ihren drei Kindern. Sie leben im schönen Santa Barbara, Kalifornien.

Buchdesign von Evan MacDonald
Deutsche Übersetzung von Nathan Bates und Eva Davies

www.ingramcontent.com/pod-product-compliance
Lightning Source LLC
Chambersburg PA
CBHW042042090426
42733CB00028B/31